FACULTÉ DE DROIT DE TOULOUSE.

THÈSE
POUR LE DOCTORAT,

SOUTENUE

Par M. DAGUILHON (Raymond-Louis-Charles),

NÉ A LAVAUR (DÉPARTEMENT DU TARN).

TOULOUSE,

IMPRIMERIE DE JEAN-MATTHIEU DOULADOURE,
Rue Saint-Rome, 41.

1846.

A MON PÈRE, A MA MÈRE.

JUS ROMANUM.

DE DONATIONIBUS INTER VIRUM ET UXOREM.

1. LIBERALITAS, nullo cogente, in accipientem collata, donatio est. Donationum autem duo sunt genera, inter vivos, et mortis causâ. De utroque genere breviter disputabo, quamvis subjecta materia strictè ad donationes tantùm inter vivos referre videatur.

A. *De Donationibus inter vivos.*

2. Donatio inter vivos illa est quæ sub nullâ mortis conditione fit, quæ si fuerit perfecta, statìm effectum habet et revocari non potest. Quis, cui, quid donare possit breviter dicamus.

3. Ille donare non potest qui obligationem contrahere nequit. Filius familias donare non potest, nisi patris accessione. Quod autem patris jussu donavit, perindè est ac si pater donavisset. Peculium nisi castrensem et quasi castrensem, filius familias donare nequit. Illa solutio porrigi-ne debet ad casum ubi de liberâ administratione agitur ?

Mutum et surdum imperatores donare posse voluerunt.

4. Filio familias donari à patre non licet. Res donata auget solummodò peculium et adimi potest filio sicuti peculium. Sed posteà illa donatio non impugnari placuit, cùm pater immutatâ voluntate decesserit. Sub hoc respectu discernitur quædam similitudo inter has donationes et illas quæ lege Cinciâ moderantur. Attamen est differentia propter usucapionem notanda.

Conjugi primùm à conjuge donari non poterat. De illo jure ampliùs infrà dissertabo.

5. Donari possunt quæ sunt in bonis. Donatio et omnium bonorum fieri potest.

6. Primùm autem nullus modus prodigalitati donandi, legibus impositus fuit. Attamen, anno 550, lex celeberrima facta est, quâ Romanorum in donando sumptuositas reformaretur. Cincia lex illa vocatur, ad quam iu Vaticanis fragmentis multa invenimus.

Quis sit modus intra quem donare lex prohibebat, fragmenta non docent. Si autem ultra modum donatum erat, donatio non tota rescindebatur, sed reducebatur.

Quæsitum est an legis Cinciæ actio vel exceptio popularis esset? Non popularem fuisse puto.

Sed legis Cinciæ actio vel exceptio quamdiù viveret donator tantummodò valebat. Actionem vel exceptionem perimebat voluntatis perseverantia.

Certissimum est ex fragmentis Vaticanis legis Cinciæ jus ad quasdam personas applicatum non fuisse. Excipiuntur plures personæ : filii emanpati et affines in lineâ directâ, et circa transversalem, qui sunt quinto gradu, et ex sexto sobrinus et sobrina. Attamen qui sub horum potestate redigebantur accipere poterant.

7. Donare licet ita ut liberalitas aut sub conditione suspendatur, aut sub conditione resolvatur. Conditiones in donationibus adjici possunt ita ut donatarius aliquid det, aut aliquid faciat. Non veræ sunt donationes, sed negotia mixta quæ ad contractum et ad donationem pertinent.

8. Nunc, de donationum inter vivos formis disserendum est.

In principio donationes proprio jure non regebantur. Speciale genus adquisitionis donatio non constituebat. Datio videbatur, liberalis quidem non onerosa, quæ tamen secundùm communes juris civilis formas perficiebatur. Sic qui donabat, mancipatione vel cessione res mancipi dabat, traditione nec mancipi.

Mox verò venit lex Cincia , quæ non solùm de modo sed etiam de formâ donationum statuit. Donationes autem , ex eâ lege , circa etiam personas non exceptas valebant , cùm quantitas definita lege Cinciâ superata non fuerat si adimpletæ erant formæ peculiares.

. Circa personas non exceptas et ultra Cinciæ modum , stipulatio vel mancipatio non sufficiebant ; traditio adhuc exigebatur. Cæterùm quùm res erant mancipi , parvi intererat utrùm traditio præcessisset mancipationem vel contrà.

Tacent Vaticana fragmenta circa cessionem in jure ; sed putamus eumdem effectum ex illâ descendere sicut ex mancipatione.

Regulas quas exposui non robur conferunt omnibus donationibus. Adhuc desideratur , cùm res sit mobilis , ut donatarius superior sit , interdictum *utrubi*. Cur ex lege Cinciâ requirebatur illud interdictum multis jurisconsultis videtur aliquid afferre difficillimum in hac materiâ. Nobis contrà apparet consonari cum legitimis principiis.

Quid agitur de acceptilatione ? Lex Cincia hunc modum liberationis non infirmat.

Valdè quæritur quænam fuerit exceptio legis Cinciæ , vel exceptio in factum , de quâ mentionem facit Paulus (§ 309 , f. 2). Explicatio nobis non videtur maximè difficilis , nam in quibusdam casibus utile erat recurrere modò ad unam , modò ad alteram. Quod eveniebat quandò donationis causa erat memorata vel non.

10. Posteà , divi Constantini tempore , donationes jure novo redactæ sunt.

Pactum donationis nuper invalidum nunc ipso jure valuit. Ad legitima pacta donatio erecta est. Constantinus tandem novas formas adjecit ; donationes in instrumentis scriptas esse et publicis tabulis insinuari voluit.

11. Justinianus juris simplicitatem quærens , jussit donationes solo consensu , sive scriptis , sive sine scriptis perfici , et tantummodò insinuari cùm quingentorum solidorum essent. Quasdam et penitùs sine insinuatione pleno jure firmas esse voluit. Tales quæ imperatori factæ erant vel ab imperatore ; tales quæ ad redimendos captivos spectabant. Quid autem ad plures in diversis temporibus factas donationes ? Quid de in singulos annos donationibus ? Justinianus hæc sapienter resoluit. Donationes autem non insinuatæ ab omni effectu non indigent, sed usque ad numerum donationum non insinuandarum valent.

12. Diximus de donationum formis; videamus de effectu.

In principio, cùm donatio non nisi vera datio videbatur, nec nisi mancipatione, traditione aliisve tránsferendi dominii modis corroboraretur, jus iu re donatorio competebat.

13. Cùm autem locum inter pacta legitima donatio non adhuc obtinuerat et ope stipulationis indigebat ut perficeretur, condictio certi vel actio ex stipulatu ad donatarium ex stipulatione veniebat.

14. Posteà tandem, donationibus inter pacta legitima connumeratis, condictio ex lege data est ei cui donatum erat.

15. Vindicatio autem non nisi traditione Justinianeo jure concedebatur; ita ut Justinianus donationem non rectè genus adquirendi nominavit. Causa enim non genus est adquirendi donatio.

16. Ex donatione igitur nulla prodest actio nisi actio in personam, ut donator donatam rem tradat.

Sed tantummodò dare debet donator inquantùm facere potest.

17. Si donator rem alienam donaverit et evincatur donatarius, distinguendum est an donator de evictione quid stipulaverit vel non. Si stipulaverit, stipulatio legem facit. Sed circa evictionem quam pollicitur donator, consensus non sat est sicut circa donationem. Si non stipulaverit, distinguendum an dolo fecit, vel non. Si dolo, de dolo in donatorem accipienti competit actio. Si non dolo, scriptum est nullam in donatorem de evictione actionem competere.

18. Donationem secundùm juris regulas superscriptas perfectam, irrevocabilem esse certissimum est; attamen quamvìs generaliter irrevocabiles sint donationes, certis quibusdam causis revocari possunt.

19. Si conditio apposita effectum habet ita ut consensus resolvetur, donatio revocatur; tunc condictio donatori datur et utilis vindicatio.

Sed conditio dandi aut faciendi, donationi adjecta, non solummodò ad hoc valet ut re non secutâ, condici vel vindicari possit, sed etiam ad hoc ut, si malit donator, donatarius ad dandum aut ad faciendun compelletur.

20. Tempore legis Cinciæ non revocabantur donationes propter ingratum animum. Posteà revocatio modo generali introducta fuit.

Donatarius verò ingratus esse videtur, si injurias atroces in donatorem effuserit, si vitæ periculum intulerit, et si multa alia fecerit quæ codicis constitutione determinantur. .

Actio autem ingratitudinis causâ, maximè personalis est; nam donatori solo competit et adversùs solum donatarium. Ad hæredes non transmittitur. Adversùs extraneos dari non potest, et ad ea non porrigi quæ ante cœptum jurgium donatarius alienavit.

21. Donationem ad libertinum factam à donatore revocari posse credebatur. Constantinus voluit istas donationes ipso jure revocari, si filius donatori nasceretur. Hoc jus proprium patrono est quod doctores ad omnes personas injustè porrigerunt.

22. Donatio et inter vivos inofficiositatis causâ revocari potest. Actio autem querelæ donatori non competit, sed his tantummodò qui ad legitimam vocantur.

Per querelam non totaliter sed partìm revocatur donatio.

23. Donationes solâ pœnitentiâ donatoris revocari non possunt.

De donationibus inter vivos dixi; videamus de donationibus mortis causâ.

B. *De Donationibus mortis causâ.*

24. Donatio mortis causâ non est quæ mortis cogitatione fit, sed quæ sub mortis conditione. Extraneæ personæ mortis conditio donationem non mortis causâ facit.

In hoc præcipuè mortis causâ donatio depingitur, ut donator magìs habere se vult quàm eum cui donat, magìs eum cui donat quàm hæredem suum. Undè sequitur donationem mortis causâ non perfectam videri posse antequàm mors venerit.

Videamus quis donare, quis capere, quid tandem donari possit.

25. Hi qui testamentum facere possunt donare possunt, et alii qui non possunt testamentum facere. Sic filius familias qui non potest facere testamentum, nec voluntate patris, tamen mortis causâ donare, patre permittente, potest.

In donatione mortis causâ sicut in testamento, donationis, mortis, et intra donationem et mortem, tempus inspiciendum est an quis capere possit.

26. Qui testamento accipere possunt, mortis causâ donationes possunt item accipere. Sed hoc mirabile est, in mortis causâ donationibus an quis capere possit non donationis sed tantùm mortis tempus intuendum est.

27. Omnia quæ in bonis sunt donari possunt. Libertas et donari potest. In singulos annos tandem donatio mortis causâ constitui potest. Distinguendum autem est an hæc donatio, ad certum tempus, putà quoad quis vivat, facta sit, vel in perpetuum. Si ad certum tempus, multæ donationes; si in perpetuum, donatio una est.

28. Donationum mortis causâ formæ simplices fuerunt. Ante Constantini regnum, nullis specialibus formis subjectæ apparent. Constantinus autem scripturam et insinuationem imposuit. Justinianus tandem, donationes mortis causâ, nec insinuatione, nec scripturâ indigere declaravit, et nihil aliud jussit nisi coram quinque testibus celebrarentur.

29. Varii sunt donationum effectus. Si quis mortis cogitatione motus, ita donat, ut non statìm res fiat accipientis, sed tunc solùm quùm mors fuerit insecuta, nulla ante mortem accipienti competit actio. Mortis autem tempore, competit condictio; Justinianeo jure vindicatio. Si quis verò mortis cogitatione motus ita donat ut statim res fiat accipientis, habet-ne donatarius condictionem an vindicationem?

30. Quandò et quodam modo donationes mortis causâ revocentur maximè interest.

Et primùm revocari potest donatio mortis causâ cùm donatorem pœnituerit. Revocatur adhuc donatio mortis causâ, si is cui donatum est ante donatorem mortuus sit. Nam illi solo donatum esse videtur, non hæredibus ejus.

31. Nunc distinguendum est si donatio periculi imminentis cogitatione facta est; si solâ mortalitatis cogitatione. Si solâ mortalitatis cogitatione, revocatur sicut dixi; scilicet, si donatorem pœnituerit, vel donatarius non supervixerit. Si autem periculi cogitatione, revocatur etiam si donatori in periculo nihil humanitùs contigerit.

32. Si quæramus quæ sint actiones quæ, revocatâ mortis causâ dona-tione, donatori competant, distinguendum adhuc est an res statìm acci-pientis facta sit, ita ut sub conditione mortis jus resolveretur, an contrà ita facta sit, ut res solummodò sub conditione mortis, accipientis fieret. Si hoc modo, nullâ actione donator indiget; nam jus semper servavit. Contrà, si illo modo, difficillimum casum veteres jurisconsulti dicebant. Condic-tionem et vindicationem simul donatori tribuebant. Hoc jus quidem tem-pore Ulpiani minimè firmum adhuc erat.

33. Inutilis videtur mortis causâ donatio cùm is qui donavit non sol-vendo fuit.

34. Tandem, in mortis causâ donationibus Falcidia locum habet.

35. Hinc apparere debet, donationes mortis causâ legatis multo modo adsimilari, et Justinianus scripsit prudentibus ambiguum fuisse utrùm donationis an legati naturam donationes mortis causâ obtinere deberent. Itaque ad exemplum legatorum eas redegit ferè per omnia, non tamen per omnia. Nam si solâ testatoris voluntate legatum fit, consensu donantis et accipientis fit mortis causâ donatio. Si legatum testamentum sequitur, donatio non sequitur. Si conditio ejus cui legatur, tempore et legati et mortis intuenda est, conditio ejus cui donatur solummodò tempore mortis inspicienda. Is qui indignus est ad legata, non ideò indignus est ad donata. Tandem si quis testamentum inofficiositatis causâ malè queritur, legata, non donata perdit. Hæc sunt discrimina inter legata et mortis causâ donationes.

C. *De Donationibus inter virum et uxorem.*

36. In illis donationibus jus antiquum à jure novo adcuratiùs distin-guendum est. Videamus de jure antiquo.

37. Donationes inter virum et uxorem non valere in principio receptum est. Undè liquet si stipulanti conjuge à conjugi promissum est, nulla ex stipulatione datur actio. Si cùm maritus à muliere stipulaverit, mulieri-que donationis causâ accepto tulerit, mulier non liberatur. Corpus autem si donatum sit et traditio facta, traditio non magìs est efficax, nec domi-nium ad uxorem transfertur. Undè si donatæ res extant, vindicari pos-sunt. Vindicari autem potest non tantummodò res, sed etiam quidquid rei accedit. Tandem si res casu perit, vindicari non potest, et donatori sicut domino perit. Res autem vindicari non potest, etsi exstet, cùm in aliam speciem transiit; tunc enim, jure simili juri specificationis, nova species donatarii fit.

Si verò res consumpta sit, condictio donatori competit quatenùs donatarius locupletior factus est. Inspiciendum est, quandò locupletior efficiatur. Si mihi pecuniam quis donaverit et rem emerim ex eâ pecuniâ, si posteà non solvendo fiam, locupletior ne tamen erim ex donatione? Certè locupletior; nam si pecunia donata non fuerat, rem non haberem. Locupletior ergò sum, et donator ad rem emptam condicere potest. In hoc casu certissimum est, si res magìs quàm pecunia valeat, usque ad pecuniam donatam tantummodò condici posse. Si verò res minùs valeat, cùm donatarius quoadusquè locupletior est solummodò teneatur, restitutâ re, liberabitur. Ad dignoscendum an locupletior donatarius factus sit, litis contestatæ tempus spectatur.

Si litis contestatæ tempore res donata non exstet, et nihil ex re donatâ comparatum, donatori nulla actio datur; locupletior enim non factus est donatarius. Sic Pomponius scripsit mulierem non locupletiorem factam esse videri cùm in cibariis familiæ donatam sibi pecuniam impenderit.

Cùm vir uxori pecuniam dedit et viro uxor, si maritus hanc servaverit vel uxor, si alter consumpserit, qui servaverit non reddere tenetur, propter compensationem. Nam quamvis donatio inter conjuges donatio inutilis sit civiliter, non item est naturaliter.

Distinguendum est adcuratiùs an pecunia donata creditave fuerit. Si donata, vidimus donatorem condicere posse à donatario quatenùs hic locupletior factus est. Si credita, donatorem condicere posse certissimum est. Item est si pecunia donata, posteà in creditum conversa fuerit; in solidum peti potest.

38. Quamvis autem pecunia donata conjugi condici possit à conjuge, pecuniæ usuræ repeti non possunt.

Quod de usuris dico, de fructibus quæ ex industriâ proveniunt dicam.

Quæsitum est an res à servo adquisita fructibus adsimilaretur, ita ut ad donatarium redundaret? Quamvis generaliter quod acquirit servus pertineat ad donatorem, putarem nihilominùs distinctionem adhibendam esse propter ea quæ ex industriâ servi proveniunt.

39. Videamus nunc quæ donationes et inter quos prohibitæ non fuerunt.

Et primùm donationem mortis causâ prohibitione non coutineri nunquàm receptum est, quia, dixit Gaïus, in hoc tempus excurrit donationis eventus quo vir et uxor esse desinunt.

40. Exceptæ sunt etiam donationes divortii et exilii causâ.

41. Exceptæ sunt tandem donationes quibus, vel donator non pauperior, vel donatarius non locupletior factus est. Quandò autem donator non pauperior, donatarius non locupletior factus est, dicendum est.

Jure Romano, qui non adquirit, pauperior fieri non videtur ; ille tantùm qui aliquid ex bonis suis erogat. Generalis est hæc regula. Sic receptum erat actionem Paulianam moveri, propter amissionem bonorum et non propter omissionem cùm debitori fas erat adquirere. Eâdem ratione, donator qui in favorem uxoris aliquid repudiabat, quamvìs res gratuitè donatario veniret, fortunas suas minuisse non dicebatur. Hujus modi donatio, regulis donationum inter virum et uxorem subjecta non erat, quia fieri pauperior non videbatur donator.

Si dedit maritus conjugi rem alienam, usucapio proderit in hoc casu.

Locupletior autem non fieri donatarius videtur cùm nihil magìs in bonis adquirit. Sic, cùm sepulturæ causâ donatum est. Sic, cùm manumissionis causâ. Sic adhuc, cùm sarciendo damno magìs quàm lucro faciendo donatum est. Sic tandem, cùm ad uaum precarium rernm mariti aut uxoris et ad bonorum administrationem donatio spectat.

42. Intueamur inter quos prohibitæ non sint donationes. Diximus prohibitas fuisse inter virum et uxorem Sed vir et uxor non videntur esse qui matrimonium non contraxerunt. Sic inter sponsos dari posse certissimum est. Contracto autem matrimonio, sive solemnitas celebrata sive non, sive deducta mulier est, sive non deducta, vir et uxor videntur, et inter se donare non possunt. Simili modo, non videntur inter virum et uxorem esse donationes quæ post divortium factæ sunt. Inter virum et concubinam donatio valet, quia concubina uxor non est.

Inter quosdam autem viros et uxores donationes prohibitæ non sunt, sic inter angustum et angustam.

43. Ex eo quòd inter virum et uxorem donationes prohibitæ sunt, sequitur et à socero ad generum nurumve, et à viro et uxore ad filios alterutrius donationes non valuisse. In his autem donationibus idem jus quàm in donationibus inter virum et uxorem receptum est.

44. Hæc de jure antiquo; videamus nunc de novo jure quod Antoninus Augustus imperator introduxit.

45. Donationes inter virum et uxorem nulli momenti esse jam non verum est. Donationes valent; sed fas est eum qui donavit pœnitere; ita ut donationes inter virum et uxorem minimè nullæ, sed solummodò revocabiles apparent.

Omnes autem donationes ex Senatus-consulto valent, sive res sit donata, sive obligatio remissa; sive donatio directa sit, sive indirecta. Etiam valet ex nostrâ sententiâ stipulatio cùm conjux conjugi promiserit.

Hæc autem donationes quæ secundùm jus antiquum valebant, in oratione Antonini Augusti non continentur. Ad eas jus novum supervacuum est.

46. Non solùm autem virum et uxorem hæc donatio complectitur, sed etiam cæteras personas quæ propter matrimonium donare prohibebantur, sicut socer nurui vel contrà, sicut socer genero vel contrà.

47. Donationem inter virum et uxorem, sicut mortis causâ donationem caducam fieri receptum est, si donator, donatario conjuge mortuo, prætervixerit.

Si simul perierint, valet donatio.

48. Revocantur inter virum et uxorem donationes divortio facto. Restaurato autem matrimonio voluntateque donatoris reconciliatâ, renasci donationem et defendi valere posse Ulpianus sustinuit.

49. Si revocanda est donatio, donatori datur condictio et actio in rem si res tradita fuerit, sicuti cùm ageretur de donatione mortis causâ. Re non tradità, nulla actio donatario vel hæredibus ejus competit.

50. Donationes principia breviter enucleavi. Horum multa in jus nostrum transierunt. Hæc nunc exponemus,

DROIT FRANÇAIS.

DES DONATIONS ORDINAIRES, PAR CONTRAT DE MARIAGE ET ENTRE ÉPOUX.

1. Il est peu d'études qui puissent offrir au jurisconsulte plus de charme et plus d'intérêt que celle de l'influence de la civilisation et des idées chrétiennes sur le droit. Quel que soit le peuple chez lequel on recherche les effets de cette bienfaisante influence, à Rome surtout où elle s'est développée d'une manière régulière et saisissante, on la retrouve toujours se produisant avec le même caractère. C'est le droit qui dépose son enveloppe primitive et qui se débarrasse des entraves du symbole. Les formes se simplifient ; les lois ne parlent plus aux sens, elles s'adressent à l'intelligence ; le masque tombe, l'idée seule reste. Sollicité par la conscience des peuples, le principe de l'équité s'introduit dans le droit ; et quand la morale enfin rencontre une expression comme celle du christianisme, elle vivifie la législation et régénère la société. Le droit, si je puis ainsi dire, se spiritualise et s'humanise en vieillissant ; voilà son histoire dans le monde. Je ne l'ai rappelée que pour faire ressortir davantage l'éclatant démenti qu'elle reçoit au sujet des donations. Ici, le droit ne suit plus la même marche. A mesure qu'il se civilise, les entraves se multiplient, les formes se compliquent au lieu de se simplifier. L'équité ne trouve plus créance ; on ne connaît que la rigueur du droit. Le législateur semble vouloir restreindre tous les jours davantage les dispositions gratuites ; cependant il écrit sous l'empire d'une religion dont l'idée-principe est la charité. Ce fait est certainement curieux. Cette marche inverse, anti-progressiste, que suit dans l'histoire du droit général le droit particulier des donations est vraiment digne de remarque. J'essaierai d'en donner oralement la raison. Je ne puis le faire ici ; mon sujet est assez vaste : j'ai hâte d'entrer dans l'examen juridique de nos lois.

2. Il résulte des termes mêmes de la question que cet examen doit se restreindre au commentaire des chap. iv, viii et ix du titre des donations et testaments. Le plan que je me propose de suivre est bien simple. Je retracerai d'une manière générale le droit des donations ; à côté des principes, je placerai successivement le développement des exceptions ; on comprend que c'est au sujet du droit exceptionnel que je développerai les règles particulières aux donations par contrat de mariage et aux donations entre époux.

A. *Des formes des Donations.*

3. Je considérerai les formes des donations sous leur rapport intrinsèque et sous leur rapport extrinsèque. Je parlerai d'abord des formes intrinsèques, des conditions internes nécessaires à la validité des donations.

4. La donation est un contrat qui prend sa source dans la bienfaisance et non dans l'intérêt comme les contrats ordinaires de la vie civile. Son caractère particulier, prédominant, est sa gratuité même. Il résulte de ce que la donation est un contrat, que le consentement des parties est une condition nécessaire de sa validité. La volonté seule du donateur ne suffit pas à sa perfection. L'art. 952 du C. c. exige encore l'acceptation du donataire.

5. Le consentement des parties donné selon les formes que j'indiquerai plus tard, doit être valable selon les règles ordinaires des contrats ; il ne doit être entaché ni de dol, ni de violence, ni d'erreur. Il doit émaner de personnes ayant la capacité de s'engager. Point de doute que la femme mariée, le mineur et l'interdit ne puissent donner seuls. Le mineur et l'interdit ne peuvent même donner avec l'autorisation de leur tuteur, ou pour parler plus régulièrement, selon les rites de notre droit français, leur tuteur ne peut donner pour eux. Mais la femme mariée, le mineur et l'interdit peuvent-ils seuls consentir valablement à l'acceptation d'une donation? La femme ne le peut pas (art. 934 du C. c.). Par des raisons qui ne sont pas les mêmes, le mineur et l'interdit sont frappés de la même incapacité. Mais les nullités qui résultent de ces incapacités sont, conformément aux principes généraux, des nullités relatives que la femme ou son mari, le mineur et l'interdit peuvent seuls opposer. Le législateur, dans le titre des Donations, ne déroge pas aux art. 1125 et 215 du C. c.

6. Le mari ne peut seul par son consentement postérieur éteindre la nullité qui résulte de son défaut d'autorisation, car il ne peut enlever à la femme, sans sa volonté, le bénéfice d'une action qui lui compète. Mais l'autorisation postérieure du mari donnée du consentement de la femme purge-t-elle le vice primitif? L'art. 1329 du C. c. est-il applicable dans ce cas? Je ne le pense pas, et je développerai dans la discussion de ma Thèse les motifs de mon opinion.

7. La seule différence qui existe, à l'égard du mineur, entre les contrats ordinaires et la donation, au sujet de l'action en nullité ou en rescision pour cause d'incapacité des contractants, est celle-ci : que dans les contrats ordinaires, le mineur est en principe tenu de prouver sa lésion, tandis qu'en matière de donation, il lui suffit de prouver qu'il n'a pas été autorisé. (Voir les art. 465, 935 et 1314 du C. c.)

8. L'art 935 donne au mineur, dans la personne de ses père et mère ou autres ascendants, un représentant légal et tout particulier, à l'effet d'accepter les donations qui lui sont faites. La disposition de l'art. 935 est digne de remarque.

9. L'acceptation ne peut être faite que par le donataire personnellement ou par ses représentants. Elle ne pourrait l'être par les créanciers. Ce serait faire une extension exorbitante des art. 1166 et 1167 du Code civil.

10. Par exception au principe que la volonté du donateur ne suffit pas à la perfection de la donation, l'art. 1087 dispose que les donations par contrat de mariage ne pourront être attaquées ni déclarées nulles sous prétexte de défaut d'acceptation.

11. Comme tout contrat, la donation doit rester indépendante de la volonté de l'une des parties. L'art. 1174 établit, d'une manière générale, que l'existence ou la validité d'un contrat ne peut dépendre du caprice de la partie qui s'oblige. Spécialement, la donation doit être faite de telle manière, qu'elle ne dépende pas de la volonté seule du donateur (art. 944 du Code civ.). Les art. 945 et 946 ne sont qu'une conséquence de cet art. 944; une conséquence de ce principe, que la donation soumise à une condition dépendante de la volonté du donateur est nulle.

12. Il est important de remarquer que l'art. 944 n'est applicable, ni aux donations par contrat de mariage, ni aux donations entre époux (art. 947 du C. c.). L'art. 1086 dispose expressément que la donation par contrat de mariage peut être faite sous des conditions dont l'exécution dépende de la seule volonté du donateur. Il en résulte que ce dernier peut réserver un objet de la donation sans qu'elle soit nulle à l'égard de cet objet; et par suite, que si le donateur meurt sans en avoir disposé, le donataire a le droit de le réclamer, comme compris dans la donation qui lui était faite. L'art. 1096 ne dispose pas, à l'égard des donations entre époux faites pendant le mariage, d'une manière aussi formelle que l'art. 1086 à l'égard des donations par contrat de mariage. Cependant, en déclarant les donations entre époux révocables au gré du donateur, l'art 1096 permet implicitement de les faire sous des conditions qui dépendent de sa seule volonté.

13. Comme tout contrat, la donation doit avoir un objet. Les choses qui sont hors du commerce, ne peuvent pas plus être l'objet d'une donation que l'objet de tout autre contrat. Spécialement, la donation ne peut comprendre que les biens présents du donateur (art. 943 du C. c.). Si elle comprend les biens à venir, elle est nulle à cet égard.

Cette condition nécessaire de la validité des donations, cette condition de ne donner que les biens actuels et présents, n'a été envisagée par beaucoup d'auteurs que comme une conséquence de cette autre nécessité, que les donations doivent être indépendantes de la volonté du donateur. Ricard a soutenu le premier qu'en principe, les donations ne pouvaient comprendre les biens à venir, parce que, disait-il, on ne saurait voir une donation là où le donateur peut donner ou ne pas donner selon son gré, paralyser selon son caprice la validité de son contrat. Mais la condition de l'art. 943 n'est pas seulement une conséquence de l'art 944, et la raison de Ricard n'est pas la seule qui ait déterminé le législateur à prohiber les donations de biens à venir. Le principe de l'art. 943 est un principe *sui generis* particulier aux donations. Le législateur l'a posé dans un but de protection, dans un but d'ordre public. Par les mêmes motifs qui lui commandaient d'entourer les donations de formalités rigoureuses et solennelles, il interdisait les donations de biens à venir, garantissant ainsi, contre l'expansion inconsidérée d'une prodigalité trop facile, des intérêts dont le donateur pourrait plus tard regretter l'abandon.

Je discuterai, dans l'appendice de ma Thèse, la grande question de savoir si le donataire de tous biens présents est tenu de plein droit du payement des dettes dont le donateur est chargé lors du contrat.

14. Le principe de l'art. 943 n'est point applicable aux donations par contrat de mariage. Les art. 1082 et 1084 disposent exceptionnellement au sujet de ces sortes de donations. C'est par une faveur toute spéciale au mariage, qu'on a permis ainsi le don de biens dont la quotité ne sera fixée qu'à la mort du donateur ; ce n'est qu'en considération de cette sainte institution, que le législateur a toléré le don irrévocable d'une succession. Cette donation, dont j'aurai plus tard l'occasion d'esquisser les traits caractéristiques et la physionomie originale, portait dans le droit ancien, et a conservé de nos jours, le nom d'*institution contractuelle*. Il résulte de la comparaison des art. 1082 et 1093 du Code civ., que les donations entre époux faites pendant le mariage, restent soumises aux principes généraux de l'art. 943.

15. J'ai parlé des formes intrinsèques, des conditions internes de la validité des donations ; je dois maintenant parler des formes extrinsèques, des conditions externes auxquelles elles sont assujetties.

16. Aux termes de l'art. 931, tous actes portant donations entre-vifs seront passés devant notaires dans la forme ordinaire des contrats. De la comparaison de cet article avec l'art. 1.er de l'ordonnance de 1731, l'on a tiré les conséquences suivantes : l'art. 931 ne s'applique pas aux dons

3

mobiliers qui se font de la main à la main, et se consomment par la tradition. Il ne s'applique pas aux donations indirectes faites autrement que par acte de donation, déguisées par exemple sous la forme d'un contrat onéreux : jurisprudence singulière, trop solidement établie pour être contestée, quoiqu'elle soit, à mon sens, très-contestable. Les donations entre époux, déguisées ou faites à des personnes interposées, sont-elles nulles? Je soutiendrai l'affirmative dans la discussion de ma Thèse.

17. Les dispositions gratuites d'objets mobiliers qui ne se livrent pas de la main à la main, sont assujetties aux formalités générales des donations, et de plus, à une formalité particulière que prescrit l'art. 948 du Code civ. Ces dispositions ne sont valables que pour les effets dont un état estimatif signé du donateur et du donataire aura été annexé à la minute de la donation. Si les objets mobiliers consistaient en créances, il faudrait de plus, pour la perfection de la donation à l'égard des tiers, la notification prescrite par l'art. 1690 du Code civ.

18. La procuration du donateur pour faire la donation en son nom, doit être donnée devant notaires. L'art. 1985 ne préjuge rien. (Voir au contraire les art. 930 et 933 du Code civ.)

19. Si la donation n'a pas été faite dans les formes voulues, le vice qui en résulte ne peut être purgé par une ratification postérieure. Il faut, aux termes de l'art. 1339, que la donation soit refaite dans la forme légale. L'exécution volontaire de la donation ne saurait avoir l'effet que l'on refuse à sa ratification expresse. Pourquoi pourrait-on, en effet, confirmer tacitement ce qu'on ne peut confirmer expressément? L'exécution volontaire ne purge en général les vices des actes, que parce qu'elle fait supposer la renonciation des parties à s'en prévaloir. Mais la loi ne demande pas seulement une renonciation, elle en détermine la forme d'une manière rigoureuse, et ne lui accorde d'effet que sous la forme qu'elle a déterminée. Or, cette forme n'est pas celle de l'exécution volontaire. La conséquence est facile; le syllogisme est rigoureux.

20. L'acceptation du donataire est comme l'expression de la volonté du donateur soumise à des formes particulières. Elle doit être faite d'une manière expresse, soit dans l'acte de donation, soit dans un acte postérieur et authentique. J'applique à l'acceptation le principe de l'art. 1329, et les réflexions écrites sous le numéro précédent, au sujet de la confirmation de l'acte de donation et de sa ratification tacite.

21. Une troisième solennité externe des donations entre-vifs est la transcription. Ce n'est qu'à l'égard des biens susceptibles d'hypothèques qu'elle est exigée. (Voir les art. 939 et 2118 du C. c.)

22. Le défaut de transcription est une cause absolue de nullité en matière de donation. Il est bien vrai que lors de la discussion et de la confection du titre ii, liv. ii du Code civil, les idées n'étaient pas encore fixées sur les effets généraux de la transcription ; l'on ne savait même pas si son principe resterait ou non dans notre droit; mais l'on s'entendait sur ce point que les donations devaient être régies par un droit particulier. Considérant le préjudice gratuit qu'elles pouvaient causer aux tiers, on devait protéger leurs droits par des moyens particuliers et des formes spéciales. Cette forme nécessaire et protectrice des droits des tiers est la transcription. La généralité des art. 939 et 941, l'esprit de leur disposition repoussent avec la jurisprudence et la doctrine l'opinion de Toullier qui n'eût pas manqué d'obtenir crédit si pour cela le talent eût pu suffire.

23. L'art 940 s'occupe des personnes qui sont chargées de requérir la transcription, et l'art. 941 des personnes qui peuvent opposer la nullité résultant de son défaut. Ce dernier article surtout a provoqué de nombreuses et difficiles questions. Il y est dit : que toutes personnes ayant intérêt, peuvent opposer le défaut de transcription, excepté celles qui étaient chargées de la faire faire, leur ayant cause et le donateur. La difficulté vient de la généralité des termes de la loi : qu'a-t-elle entendu dire par ces mots, *toutes personnes ayant intérêt ?* Doit-on les étendre aux héritiers et légataires du donateur ? Doit-on les appliquer au donataire postérieur qui demande contre le donataire antérieur la nullité de la donation que ce dernier a négligé de faire transcrire ? Je soutiendrai dans la discussion de ma Thèse la négative sur la première question et l'affirmative sur la seconde.

Il est certain que les tiers acquéreurs postérieurs à la donation non transcrite sont au nombre des personnes intéressées à opposer le défaut de transcription. Le même droit appartient aux créanciers hypothécaires. Je crois même que la transcription étant une mesure éminemment protectrice des intérêts des tiers, destinée surtout à éveiller, sur la fortune et la position du donateur, la sollicitude de ceux qui veulent contracter avec lui, son défaut doit pouvoir être opposé non-seulement par les créanciers hypothécaires, mais encore par les créanciers chirographaires. Je ne crois pas même devoir distinguer entre les créanciers postérieurs et les créanciers antérieurs à la donation.

24. L'art. 446 du C. de com. annule tous actes translatifs de propriété mobilière et immobilière à titre gratuit, lorsqu'ils auront été faits par le débiteur dans les dix jours qui auront précédé la faillite. Que devra-t-on décider si la donation faite avant les dix jours n'a été transcrite que dans cet intervalle? On croit généralement que la donation peut être transcrite valablement jusqu'au jour de la faillite. Cependant s'il est vrai que la transcription soit une formalité essentielle des donations, on devrait, ce me semble, décider que cette formalité ne peut s'accomplir dans les dix jours. Vainement on objecte que la donation est parfaite par le consentement du donateur et du donataire. Elle est parfaite entre les parties; mais elle ne l'est à l'égard des tiers que par la transcription; si donc la transcription n'est pas faite avant les dix jours qui précèdent la faillite, la donation tombe, à l'égard des tiers, sous le coup de l'art. 446 du C. de com. L'art. 448 du même Code ne repousse pas cette opinion, car il ne parle que de l'hypothèque. Mais le droit des hypothèques ne saurait régir les donations. Celles-ci sont soumises à des solennités rigoureuses dont l'accomplissement est nécessaire à la perfection du contrat.

25. L'art 942 du C. c., donne une mesure de l'importance que la loi a attachée à la formalité de la transcription. Aux termes de cet article, les mineurs, les interdits, les femmes mariées ne sont pas restituables contre son défaut. Ils n'ont d'autre secours qu'un recours contre leurs tuteurs et maris dont ils doivent même supporter l'insolvabilité, s'il y échet.

26. J'ai retracé les formes diverses des donations, les conditions essentielles de leur existence. Mais elles peuvent comme les autres contrats être soumises à des conditions nouvelles qui ne sont pas de leur essence et qui dérivent de la convention. Ces conditions, on le sait, suspenden ou résolvent l'exécution de la donation. Elles ne l'annulent que dans le cas où elles dépendent de la volonté du donateur.

27. L'art. 900 pose ce principe remarquable que dans les donations, les conditions impossibles, celles qui sont contraires aux lois et aux mœurs, sont réputées non écrites : *Vitiantur et non vitiant.* On sait que l'art. 1171 dispose d'une manière toute différente au sujet des obligations. Mais où est la raison de la différence? Pour ma part, je n'ai jamais su la comprendre. Elle m'étonne d'autant plus dans notre droit, que les dispositions gratuites entre-vifs y sont peu favorisées. Doit-on l'expliquer par une déférence inconsidérée pour les anciens principes et par la précipitation du législateur qui a quelquefois transcrit le droit reçu sans le soumettre au creuset de la raison? Je développerai ces considérations dans la discussion de ma Thèse.

28. Les conditions qui ne sont ni impossibles ni contraires aux lois ou aux mœurs doivent être respectées dans les donations comme dans tous les autres contrats, et produire les effets divers attachés à leur accomplissement.

29. La difficulté souvent est de reconnaître quand est-ce que les conditions sont contraires aux lois et aux bonnes mœurs. Ainsi l'on a demandé si la condition de se marier ou de ne pas se marier était une condition illicite. Je soutiendrai sur ces deux questions l'affirmative.

L'on a encore à ce sujet soulevé cette question : si l'on pouvait, en instituant héritière une femme mariée sous le régime de la communauté, imposer la condition qu'elle toucherait une portion des revenus des biens légués sur les seules quittances et sans le concours de son mari. Je soutiendrai qu'on le peut, et j'argumenterai des art. 1387 et 1401 du C. c. Valider une pareille clause n'est pas opérer au détriment des tiers un changement prohibé par l'art. 1397. Ce n'est pas non plus porter une atteinte défendue aux prérogatives de la puissance maritale. Je ne développerai pas ici les motifs qui m'amènent à le penser. Je ne puis qu'indiquer les questions, me réservant de développer oralement les arguments que la longueur de mon sujet ne me permet pas d'écrire.

30. Parmi les conditions productives d'effet, il en est une remarquable et qui à particulièrement occupé le législateur; c'est la condition de retour, c'est-à-dire, la stipulation que les biens donnés retourneront au donateur, soit au cas du prédécès du donataire seul, soit au cas du prédécès du donataire et de ses descendants (art 951 du C. c.). Ce droit de retour ne peut être stipulé qu'au profit du donateur seul. Je dirai tout à l'heure ses effets en traitant de la révocation des donations.

B. *Des effets des Donations.*

31. La donation faite suivant les formes précédemment déterminées est parfaite. La propriété des objets donnés est transférée au donataire sans qu'il soit besoin d'aucune tradition (art. 938 du C. c.). Ainsi, de la donation naissent deux actions, une action personnelle, et une action réelle. Il faut remarquer cependant que l'art. 938 ne modifie pas les art. 1141 et 2279. Le donataire est saisi de son droit immédiatement; c'est ce qui résulte de l'art. 938. Ce droit lui est acquis irrévocablement; c'est la disposition de l'art. 894. Les effets de la donation dans notre droit peuvent donc se résumer ainsi : obligation du donateur envers le donataire à l'effet de livrer les objets donnés; transfert actuel et irrévocable de la propriété de ces objets; action personnelle dans le premier cas, et dans le second action réelle.

32. L'effet de la donation ne s'étend pas jusqu'à soumettre le donateur à la garantie des objets de la donation. Ce principe, qui n'est pas formellement exprimé dans nos lois, a été justement consacré par la doctrine et par la jurisprudence.

33. J'ai parlé de l'effet actuel et irrévocable des donations; on a voulu faire de cette actualité et de cette irrévocabilité un caractère tout particulier de ce mode de disposition. Il faut s'entendre : si l'on veut dire que ce caractère distingue les donations des autres dispositions à titre gratuit, on a raison ; car le testament diffère essentiellement de la donation en ce qu'il ne reçoit son effet qu'au jour de la mort du testateur, et que jusqu'à cette époque il peut être révoqué. Mais il faut aussi remarquer que ce caractère est un caractère commun à tous les contrats; par conséquent, dire que la donation entre-vifs est à la fois actuelle et irrévocable, n'est pas déterminer sa nature particulière; c'est la distinguer du testament, ce n'est pas la distinguer des contrats; c'est comme si, pour déterminer l'espèce, on développait les caractères du genre. Quoi qu'il en soit, il reste vrai que la donation entre-vifs produit actuellement et irrévocablement son effet: voilà le principe; voyons les exceptions.

34. Et d'abord, toutes les fois qu'une donation est faite sans une condition valable et suspensive, il n'y a pas lieu d'appliquer le principe de l'actualité. Le donataire, jusqu'à l'accomplissement de la condition, n'a pas de droit certain : *Spes est tantùm donatum iri.* Cependant il faut dire que la condition s'accomplissant, rétroagira au jour du contrat. Ce sont là les principes du droit commun.

35. J'ai dit plus haut que les donations par contrat de mariage pouvaient avoir pour objet non-seulement les biens présents, mais encore les biens à venir du donateur. Le principe de l'actualité n'est donc pas toujours applicable aux donations par contrat de mariage. Ces donations n'ont pas toujours pour effet un dépouillement immédiat du donateur; c'est ce qui résulte de la nature même de l'institution contractuelle au sujet de laquelle je renvoie, pour éviter d'inutiles répétitions, à l'appendice de ma Thèse.

36. La loi ne fait à l'égard des donations entre époux pendant le mariage aucune exception au principe de l'actualité des donations; j'en conclus qu'à l'égard des donations entre époux pendant le mariage, ce principe conserve toute sa force et doit rigoureusement être appliqué.

C. *De la révocation des Donations.*

37. Les exceptions au principe de l'irrévocabilité des donations ont attiré particulièrement l'attention du législateur qui en a fait l'objet d'une section à part, c'est la section II du chap. VI de notre titre. Toutes les exceptions cependant n'y sont pas comprises ; je vais brièvement les examiner pour compléter la théorie des formes, des effets et de la révocation des dispositions gratuites entre-vifs.

38. J'observe d'abord que les donations par contrat de mariage font en quelque sorte exception à l'exception ; car, moins que toutes les autres, même que les donations ordinaires, elles s'écartent du principe fondamental de l'irrévocabilité. Les donations par contrat de mariage ne sont pas révocables pour cause d'ingratitude. Sauf ce cas particulier, elles sont soumises, en matière de révocation, aux règles communes des donations.

39. J'observe d'abord que les donations ne peuvent, en principe, être révoquées selon le caprice du donateur. Toutes les fois, au contraire, qu'il veut demander la révocation, il doit s'appuyer sur des motifs dont je retracerai tout à l'heure la nature diverse. Il n'y a que les donations entre époux faites pendant le mariage qui soient affranchies de toute entrave, relativement à leur révocabilité. L'art. 1096 pose à leur égard un principe remarquable : « Toutes donations faites entre époux, pendant le mariage, quoique qualifiées entre-vifs, seront toujours révocables. » Ainsi, tant que vivra le donateur, il aura le droit de reprendre les biens qu'il a livrés ; ce droit même ne s'éteindra pas avec le mariage. On a justement conclu de la généralité des termes de l'art. 1096 qu'il durait après la dissolution du mariage jusqu'à la mort du donateur ; mais la donation est-elle caduque par le prédécès de l'époux donataire ? Je discuterai dans mon appendice cette question qui divise la jurisprudence et les auteurs.

40. Les donations sont révoquées lorsqu'elles ont été soumises à une condition résolutoire qui reçoit son accomplissement. C'est dans les limites de cette exception que rentre le cas de l'art. 954. (Comparer cet article avec l'art. 1184 du C. c.) Cette révocation n'a pas lieu de plein droit. Le donateur a le choix, ou de poursuivre la résolution du contrat, ou de poursuivre l'exécution des conditions auxquelles le donataire s'est soumis.

L'effet de cette révocation est l'effet ordinaire de l'accomplissement des conditions résolutoires. Les choses sont remises dans le même état que si la donation n'avait pas été faite ; les biens rentrent dans les mains du donateur, libres de toutes charges et hypothèques du chef du donataire ; le donateur a pour les reprendre une action personnelle et une action réelle contre le donataire ; de plus une action réelle contre les tiers détenteurs des biens donnés.

41. Une des conditions résolutoires les plus communes et les plus intéressantes dans notre droit est la condition de retour dont j'ai indiqué, ci-dessus la nature. Ce retour a reçu le nom de *retour conventionnel* par opposition au *retour légal* que consacre l'art. 747 du Code civil.

Le retour légal est, comme le retour conventionnel, un mode de résoudre les donations. C'est une exception nouvelle au principe de leur irrévocabilité ; quoiqu'il ne puise pas, comme le retour conventionnel, son principe dans le contrat, et qu'à sa différence, il s'opère de plein droit par la force de la loi ; que par ces raisons, il pût sembler rationnel de retarder l'exposé des règles auxquelles il est soumis pour les retracer en même temps que celles des autres exceptions au principe de l'irrévocabilité des donations qui prennent leur source dans la loi seule et s'opèrent de plein droit, je le ferai brièvement ici. La connexité du retour légal et conventionnel sous d'autres rapports, et l'avantage que peut offrir leur parallèle, doit suffire à faire excuser ce déplacement.

Le droit de retour conventionnel, comme le droit de retour légal, n'a lieu qu'au profit du donateur seul. La stipulation de ce droit au profit d'un autre serait nulle ; mais annulerait-elle la disposition pour le tout ? Quelques Cours royales l'ont ainsi décidé. J'essayerai dans ma discussion orale de soutenir l'opinion contraire, en établissant que l'art. 900 doit être appliqué au cas de l'art. 951.

La mort civile doit, comme la mort naturelle, donner lieu à l'ouverture du droit de retour conventionnel ou légal.

Les enfants naturels ne sont pas compris sous l'expression générale de postérité, par laquelle la loi n'entend que la postérité légitime.

C'est ce qui résulte du rapprochement des art. 750, 751, 747, et de l'esprit de l'art. 756 du Code civil.

Dans le cas de retour conventionnel, les termes du contrat indiquent toujours si la donation est faite sous la condition du prédécès du donataire seul, ou sous la condition du prédécès du donataire et de ses descendants. Dans le cas de retour légal, la loi ne donne droit aux ascendants qu'en cas de mort *de leurs descendants donataires décédés sans postérité.* L'obscurité de ces termes a donné lieu à la question de savoir si l'ascendant conserve son droit lorsque le donataire étant mort laissant des enfants, ces enfants viennent eux-mêmes à prédécéder sans postérité. La jurisprudence a justement consacré la négative : c'est là une des différences qui séparent le droit de retour légal du droit de retour conventionnel. (Comparer les art. 747 et 951 du C. civ.).

Aux termes de l'art. 952, l'effet du droit de retour conventionnel est de résoudre toutes les aliénations des biens donnés, et de faire revenir ces biens au donateur francs et quittes de toutes charges et hypothèques du chef du donataire. Il n'y a à cette règle qu'une exception dictée par la faveur que sollicite le mariage. L'art. 952 comme l'art. 954 n'est qu'une suite du principe de l'art. 1183.

Le droit de retour légal est, aux termes de l'art. 747 du C. c., un droit de succession. Si les objets se trouvent en nature dans la succession , les ascendants les reprennent. Si ces objets ont été aliénés, ils en reprennent le prix. S'ils ont été donnés à titre gratuit par disposition entre-vifs , ils n'ont sur eux aucun droit. Que décider dans le cas où ils ont été donnés par testament ? Je soutiendrai que le donateur n'a pas l'action en reprise. Cette opinion résulte de la combinaison des art. 747 et 915 du Code civil.

42. Les donations peuvent encore être révoquées pour cause d'ingratitude (art. 955 du C. c.) Cet article détermine les cas d'ingratitude qui donnent ouverture à l'action en révocation. Comme la révocation pour cause d'accomplissement d'une condition résolutoire, la révocation pour cause d'ingratitude n'a pas lieu de plein droit. L'art. 957, fixe le délai dans lequel doit être intentée la demande. L'action en révocation pour cause d'ingratitude est une action toute personnelle. Elle ne peut être intentée que par le donateur et seulement contre le donataire. La minorité ne serait pas, pour ce dernier, une cause d'excuse.

43. La révocation pour cause d'ingratitude ne peut préjudicier aux aliénations faites par le donataire; car ne dérivant pas du contrat, naissant seulement *ex post facto* d'un fait inconnu des tiers, et personnel au donataire , elle ne peut retomber justement sur ceux qui ont contracté de bonne foi. L'art. 958 est donc fondé en raison. Si cependant les tiers avaient été prévenus légalement de la demande en révocation , ils devraient s'imputer d'avoir frauduleusement contracté avec le donataire, et l'on pourrait porter jusqu'à eux la demande en reprise des biens donnés.

Les cas d'ingratitude ne peuvent être étendus au delà des limites déterminées par la loi ; la disposition de l'art. 955 est de droit étroit.

44. Les donations peuvent être révoquées pour cause de survenance d'enfants. L'art. 960 trace les principes de cette cause si importante de révocation. La révocation ne peut avoir lieu que lorsque le donateur, à l'époque de la donation, n'avait point d'enfants ou de descendants vivants. Des difficultés se sont élevées sur le point de savoir si les enfants absents ou morts civilement doivent être considérés comme existants. L'affirmative paraît résulter des termes de l'art. 960. L'on s'est demandé si l'existence d'un enfant naturel pouvait fournir au donataire un moyen d'exception contre la demande en révocation de la donation. Je développerai oralement les raisons qui m'amènent à ne pas le penser.

Quoi qu'il en soit, il est certain que la naissance d'un enfant naturel ou la survenance d'un enfant adoptif ne peuvent opérer la révocation prévue par la disposition de l'art. 960.

45. Cette révocation, à la différence des précédentes, s'opère de plein droit, même à l'insu du donateur et contre son gré, car il ne peut la valider par une renonciation à son action en révocation. La donation doit être refaite dans la forme légale (art. 964 du C. c.).

46. Les effets de cette révocation sont très-étendus. Les biens rentrent libres de toute charge dans le patrimoine du donateur. Le mariage en vue duquel la donation aurait été faite, ne peut même rien lui communiquer de sa faveur. La faveur des enfants l'emporte sur toutes les autres. Le donateur aura donc une action personnelle et réelle contre le donataire, et une action réelle pour reprendre les biens entre les mains des tiers détenteurs.

47. Le donataire ou ses héritiers ne peuvent prescrire la révocation pour cause de survenance d'enfants que par une possession de trente ans, à partir du jour de la naissance du dernier enfant du donateur. Cette prescription est soumise aux suspensions et interruptions légales (art. 961 du C. c.).

48. La révocation pour cause de survenance d'enfants est une révocation opérée par la loi dans l'intérêt à la fois et du donateur et des enfants. Cependant c'est au donateur seul, tant qu'il vit, qu'appartient le droit de réclamer, après la naissance des enfants, la possession des biens donnés , et d'interrompre la prescription des donataires. Les enfants , quelque intérêt qu'ils puissent avoir à faire rentrer les biens dans le patrimoine de leur père, n'en sont pas propriétaires. Ils n'auront qu'à la mort de leur auteur le droit de les revendiquer, s'ils n'ont pas été donnés par une disposition nouvelle, faite selon les formes déterminées par la loi.

49. L'on peut donc dire, quoique la considération des enfants soit entrée pour beaucoup dans les motifs de l'art. 960 du Code civil, que les causes de révocation dont j'ai parlé jusqu'ici, sont des causes de révocation introduites en général dans l'intérêt du donateur. L'art. 1167 en introduit une nouvelle dans l'intérêt des tiers. C'est la révocation des actes faits par les débiteurs en fraude des droits des créanciers. Les conditions de son exercice ont été déterminées par la jurisprudence qui a établi entre les dispositions à titre onéreux et les dispositions à titre gratuit, une juste différence dont je donnerai les motifs dans mes développements oraux. Cette révocation ne s'opère pas de plein droit. Elle doit être demandée. Quelques difficultés se sont élevées sur la détermination de la durée de l'action. L'on s'est demandé si elle devait être prescrite par dix ans ou par trente ans. Je soutiendrai qu'elle ne doit l'être que par trente.

50. J'ai retracé les caractères saillants des donations entre-vifs. Je ne puis terminer sans ajouter quelques mots au sujet de la forme de mon travail, que j'éprouve le besoin d'excuser. Je dois dire, pour que la Faculté ne se méprenne pas sur mes intentions et sur mon but, je dois dire les motifs qui m'ont déterminé à écrire une thèse aussi succincte. J'ai cru qu'il n'y avait que deux partis à prendre dans une matière aussi vaste que celle qui m'est échue par le sort : écrire un grand ouvrage ou une véritable thèse, c'est-à-dire un exposé très-bref de principes et une position de questions à discuter. Un terme moyen ne pouvait réunir les avantages de ces deux extrêmes et ne faisait que confondre leurs inconvénients. Or entre la thèse et l'ouvrage, on comprendra, j'espère, qu'il n'y avait pas pour moi d'hésitation possible. Bien des raisons m'interdisaient un traité. Ses vastes proportions étaient au-dessus de mes forces. Elles ne pouvaient d'ailleurs s'harmoniser avec la nature de l'épreuve que les règlements universitaires m'appellent à subir. Par ces motifs, j'ai cru devoir me contenter de poser les principes en matière de donation dans un cadre dont la brièveté pût être le mérite, et qui permît de saisir aussi rapidement que facilement leur ensemble. Je n'ai fait qu'indiquer les questions, renvoyant leur discussion à la discussion de ma thèse. J'ai compris cependant que je ne pouvais les laisser toutes à l'écart. J'ai choisi quelques-unes de celles auxquelles paraissaient se rattacher le mieux les grands principes des donations, et je les ai développées dans l'appendice qui suit.

APPENDICE.

QUESTION 1. Le donataire de tous biens présents est-il assujetti de plein droit au payement des dettes du donateur existantes au jour de la donation?

Cette importante question divise les meilleurs esprits, et la jurisprudence qui semblait, il y a quelques années, vouloir se fixer dans le sens de l'affirmative, protége aujourd'hui l'autre sentiment. C'est celui que j'embrasse. La loi n'oblige pas le donataire au payement des dettes du donateur ; elle ne pouvait même le faire sans bouleverser les principes purs et rationnels du droit, sans faire une brèche à l'économie générale de ses dispositions. Tel est le point que je me propose de démontrer.

S'il est vrai que chacun soit tenu des obligations qu'il a contractées, il n'est pas moins vrai que personne n'est obligé par les engagements qui ne sont pas les siens. La vérité de cet axiome et la sûreté des droits qui en dérivent ne peuvent être altérés que par une convention ou par une loi. Si la convention établit que le donataire payera les dettes du donateur existantes au jour de la donation, la question est tranchée, ou plutôt il n'y a pas de question possible. Le donataire, par la loi du contrat, s'est soumis formellement à une obligation qu'il peut être contraint personnellement à acquitter. Il faut remarquer cependant que la convention ne pouvant changer la nature et l'essence des choses, il n'en résultera jamais que le donataire soit mis au lieu et place du donateur vis-à-vis des tiers, considéré comme le continuateur de sa personne, et par suite tenu comme celui-ci le serait envers les créanciers. Tant que la personne engagée vit, elle seule est personnellement et principalement obligée par le lien primitif de la convention. Les créanciers qui ne voudront pas ou qui ne pourront pas agir par voie hypothécaire, devront agir personnellement contre le donateur ; ils ne pourront agir contre le donataire qu'en exerçant les droits du donateur, aux termes de l'art. 1166 du Code civil.

Si au contraire la convention est muette au sujet des dettes, quelle

raison pourra-t-on avoir d'y soumettre le donataire ? Aucune, si ce n'est
une disposition de la loi. Cette disposition , qu'on la cherche ! L'on peut
interroger le Code, fouiller les procès-verbaux des discussions de la loi,
torturer la lettre des textes, mettre à nu leur esprit ; on ne trouvera
nulle part que le donataire entre-vifs de tous biens présents soit assujetti de plein droit au payement des dettes du donateur.

Je ne m'arrêterai pas à l'art. 945 ; ce n'est pas sérieusement que nos
contradicteurs l'ont invoqué.

Veut-on interroger l'art. 945 ? Il dispose que « la donation sera
nulle si elle a été faite sous la condition d'acquitter d'autres dettes ou
charges que celles qui existaient à l'époque de la donation ou qui seraient exprimées, soit dans l'acte de donation , soit dans l'acte qui
devait y être annexé. » De là que peut-on conclure ? Peut-on dire que de
cela que la stipulation des dettes non existantes et non exprimées annule
la donation , la stipulation des dettes existantes soit inutile ? Etrange
logique vraiment ! De ce qu'une disposition est déclarée non valable, conclure qu'une disposition contraire est valable ; je le comprends. Mais
conclure que non-seulement elle est valable, qu'elle est encore nécessairement sous-entendue , c'est donner à l'argumentation une élasticité que
la raison ne supporte pas ; en d'autres termes, de l'art. 945 il peut bien
résulter que la donation sera valablement faite sous condition de payer
les dettes existantes , mais il ne ressort nullement que cette condition
soit nécessairement sous-entendue de plein droit ; c'est cependant ce qu'il
faudrait démontrer. Au reste, je pourrais repousser l'art. 945, par cette
raison décisive qu'il dispose dans un ordre d'idées entièrement étran-
gères à la nature de la question. L'art. 945 n'est, en effet , que le
développement de l'art. 944. C'est ce qui ressort de la manière dont la
loi les a liés l'un à l'autre. Le législateur en l'édictant n'a pas eu d'autre
but que celui d'empêcher le donateur de pouvoir rendre illusoire par des
dettes imprévues une donation reçue de bonne foi. L'art. 945 est im-
puissant à défendre la cause de nos contradicteurs.

Où sera donc cette disposition de la loi nécessaire pour soumettre le
donataire au payement des dettes qu'il n'a pas contractées ? La trou-
vera-t-on dans les articles 1009 et 1012 du C. c. ? c'est la partie vraiment
intéressante de la question.

Je soutiens que l'on ne peut appliquer aux donataires les art. 1009 et
1042 du C. c. édictés au sujet des legs. Entre ces deux manières de disposer, il existe sans doute des analogies réelles, mais aussi des différé-
rences graves ; et c'est pour n'avoir pas bien distingué les analogies des
différeuces, que presque tous les auteurs sont tombés dans ce que j'oserais
appeler une erreur capitale si leur nombre et leur talent ne paraissaient pas
être une imposante garantie de leur doctrine. Ils ont dit, et c'est leur raison
sérieuse, décisive ; ils ont dit : Il est un principe placé même au-dessus
des lois, principe de raison universelle, c'est que lorsqu'on donne ou
qu'on lègue une universalité, l'on donne où l'on lègue des droits et des
charges à la fois. Ces droits et ces charges sont corrélativement nécessaires et réciproquement proportionnels. Les art. 1009 et 1012 ne sont
qu'une application de ce principe de raison, que le silence du Code au
titre des donations n'est pas un motif suffisant d'écarter. D'ailleurs, où
les mêmes raisons de décider existent, on doit appliquer les mêmes lois.
Or, entre le legs d'une universalité et la donation de tous biens présents, malgré toutes les différences dont on voudra les séparer, il existe
une analogie bien certaine, en ce sens que ce sont l'une et l'autre des
dispositions à titre universel. Donc les règles appliquées à l'une à cause
de ce seul caractère d'universalité, doivent, par la même raison et en
vertu du même caractère, être étendues à l'autre. Je crois résumer ainsi
dans toute sa force la théorie de nos contradicteurs. Eh bien, cette théorie
je l'attaque au cœur en niant précisément que la donation de tous biens
présents soit une donation à titre universel.

En effet, à moins de changer toutes les idées que j'ai des législations
et du droit, à moins de refaire ma langue juridique, je ne puis considérer comme successeur universel ou à titre universel, et par suite comme
tenu des dettes de son auteur (puisque dans notre droit, comme dans
toutes les législations connues, les successeurs à titre singulier n'y sont
pas de plein droit assujettis); je ne puis, dis-je, considérer comme
successeur universel ou à titre universel, que celui qui représente une
personne pour la totalité ou partie des droits et des charges que cette
personne a possédés ou supportés pendant son existence tout entière.

Chez les Romains, le droit était plus rigoureux encore. On regardait
comme successeur personnellement obligé celui-là seul que les lois ou

le testament appelait à l'hérédité. C'était en lui seul que se continuait la personne juridique du défunt, c'était sur lui que son âme semblait aller se reposer. A Rome, dans l'origine, on n'avait pas admis ce principe fondamental de notre droit : Qui s'oblige, oblige le sien. L'on ne connaissait que celui-ci : Qui s'oblige, oblige sa personne. Il en était résulté que le citoyen appelé à continuer, sous le titre d'héritier, la personne civile du défunt, restait seul obligé personnellement. Il en était résulté que les légataires n'étaient pas assujettis de la même manière à remplir tout ou partie des engagements de leurs auteurs. De là ces actions *emptœ et venditœ hœreditatis*, ces stipulations *partis et pro parte*, nécessaires pour arriver à une équitable distribution.

Chez nous, par l'admission de ce principe philosophiquement vrai, que celui qui s'oblige oblige son patrimoine, on a évité ces circuits d'actions, ces subtilités cependant logiques, ces conséquences effrayantes du droit de Rome. Les art. 1009 et 1012 ont proclamé l'obligation personnelle des légataires universels ou à titre universel au payement des dettes de leur auteur, et leur disposition est rationnelle. Pourquoi ? parce que prenant une partie du patrimoine, les légataires à titre universel doivent supporter une partie des dettes auxquelles le patrimoine, dans notre droit, est soumis ; parce que, prenant une partie du patrimoine, ils doivent recevoir une partie des droits et une partie des charges qui ensemble le constituent. Ils sont, dans le sens du droit moderne, de vrais successeurs universels. Mais la loi n'a pas imposé au donataire la même obligation qu'aux légataires. Je dis même qu'elle ne le devait pas, parce que, non-seulement dans le sens des lois anciennes, mais encore dans celui des lois modernes, le donataire de tous biens présents n'est qu'un successeur particulier.

Il ne succède, en effet, qu'aux biens présents, et l'universalité comprend l'avenir aussi bien que le présent et le passé. « Il y aurait absurdité, écrit fort bien Ricard, à dire que, dans le cas d'une donation entre-vifs qui renferme tout son effet dans le temps présent, le donateur pût avoir un successeur universel. » « Supposons, écrit encore mieux M. Troplong, une donation entre-vifs de tous biens présents. Cette donation aura-t-elle rien de commun avec les acquisitions qui lui seront postérieures ? Représentera-t-elle les obligations contractées ultérieurement par le donateur ? Non certes ! Donc elle n'aura pas la qualité d'un titre universel , puisqu'elle demeurera étrangère à toute la période qui s'écoulera depuis sa passation jusqu'à la mort du donateur. Le donataire de tous les biens présents ne représentera pas le défunt , soit pour le tout , soit pour partie, depuis le commencement de sa vie jusqu'à sa mort. Il ne sera donc qu'un successeur à titre singulier, de même que celui à qui l'on vendrait tous ses biens. » Enfin, s'il m'est permis de parler, après ces deux célèbres écrivains, un nouveau langage, il n'y a de successeur universel ou à titre universel dans notre droit que celui qui recueille tout ou partie du patrimoine de son auteur. Or, le patrimoine d'une personne n'est autre chose , si je puis ainsi dire , que la résultante des forces de toute sa vie. Quand elle donne ses biens présents , elle ne donne pas son patrimoine, car le patrimoine ne peut être déterminé qu'après son existence. Il est inséparable de la personne, tant qu'elle vit. Le patrimoine, ce sont les choses en tant qu'on les possède, c'est l'application de la personnalité aux objets extérieurs. En donnant des biens présents, on fait donc sortir des objets de son patrimoine, mais on ne donne pas son patrimoine, on le conserve de cela seul que l'on continue à exister ; et dire qu'on le donne , serait supposer la possibilité de deux patrimoines sur une même tête ; ce que l'on ne conçoit pas plus que deux personnalités dans un même être, deux *moi* dans une même personne. Celui qui donne ses biens présents ne fait donc qu'une donation de choses particulières à titre singulier, comme le testateur qui léguerait tous les biens qu'il a acquis depuis sa naissance jusqu'à telle ou telle époque , ferait un legs que personne ne voudrait qualifier de legs à titre universel.

Ainsi, la loi n'a pas rappelé, au sujet des donations entre-vifs de biens présents, le principe des articles 1009 et 1012 du Code civ. J'ai même essayé de démontrer qu'elle ne le pouvait pas rationnellement. Il résulte de ce que j'ai dit, que si l'on voulait appliquer aux donations une disposition édictée pour les legs, ce serait celle de l'art. 1024, et non celles des art. 1009 et 1012 qu'il faudrait choisir.

Je tiendrais à avoir mis ce point en lumière ; car il donne la clef des difficultés de la matière. Il est facile alors de comprendre comment les donations dont parlent les articles 1082 et 1084, étant des donations d'universalité, obligent nécessairement le donataire acceptant. Il est facile de voir comment la maxime *bóna non dicuntur nisi deducto œre alieno*, qui n'est que la formule de cette idée que celui qui donne une universalité, donne des droits et des charges à la fois, est inapplicable à l'espèce, où il ne s'agit pas d'universalité. Je ne développe pas ces points, je ne pourrais le faire sans tomber dans des répétitions fatigantes.

Presque tous les auteurs qui ont traité la question, l'ont résolue contrairement à l'opinion que je propose, et cependant, chose singulière! c'est chez eux que l'on trouve peut-être exprimées mieux qu'ailleurs les raisons de décider contre eux. C'est qu'après avoir prouvé comment la donation de biens présents ne peut être un titre universel d'acquérir, et comment par suite on ne peut lui appliquer les art. 1009 et 1012 du Code civ., se sentant mal à l'aise dans leur opposition aux préjugés de l'ancienne jurisprudence et de la doctrine, comme effrayés de leur hardiesse, ils s'empressent de chercher quelque subtil détour pour échapper en quelque sorte à la force de leur raison. Pour penser comme tous, ils ajoutent qu'il faut, avant tout, consulter l'intention du donateur, et que lorsque le donateur a donné tous ses biens présents, il n'a entendu donner sans doute que ses biens, dettes déduites. Comment un esprit aussi logique que celui de Toullier a-t-il pu enfanter un pareil raisonnement? Pourquoi, je le demande, en présence de ce seul fait que le donateur donne ses biens présents, pourquoi supposer qu'il les donne chargés plutôt que libres de ses dettes, quand à cet égard il n'exprime rien dans l'acte de donation? Comme personne n'est censé ignorer le droit, la présomption que le donateur a donné, *œre alieno deducto*, ne peut résulter que de cette solution, qu'en droit la donation de biens présents emporte l'assujettissement aux dettes. C'est préjuger la question ; ce n'est pas la résoudre. En d'autres termes, la présomption que l'on invoque, n'est qu'une présomption subordonnée à la solution préalable de la question de droit.

Je pourrais maintenant, après avoir montré par quels subtils détours quelques auteurs qui arboraient nos principes les avaient désertés, pour arriver à une solution que les préjugés commandaient, je pourrais faire voir, si je ne craignais d'être trop long, comment ceux qui soutiennent les principes que je combats, repoussent instinctivement leur propre doctrine, en abandonnant, quoi qu'il en coûte à leur logique, ses effrayantes conséquences. M. Grenier m'en fournirait, au besoin, des exemples.

Je sais que l'on m'oppose aussi les conséquences de mon opinion. Le sacrifice du créancier qui perd au donataire qui gagne, *nemo liberalis nisi liberatus;* payez avant de donner, nous dit-on. Ce sentiment peut séduire le cœur, mais il ne satisfait pas pleinement la raison. Autrefois l'on avait paru céder à son influence; mais on avait oublié ce principe juridique fondamental, que les successeurs universels sont seuls tenus des obligations de leurs auteurs. L'inconvénient de préférer le donataire qui gagne au créancier qui perd, se rencontre dans toute donation même d'un objet déterminé; cependant personne ne songe à soumettre un pareil donataire au payement des dettes du donateur. Enfin, accorderai-je que nos lois, en matière de donation, peuvent donner lieu à une injustice; je me retranche derrière la toute-puissance législative, *lex est.* La loi est, et elle a sa raison d'être. Le donataire qui a reçu sincèrement sous la foi du contrat, mérite bien quelque faveur. Le créancier qui pouvait s'abriter dans des précautions qu'il a négligé de prendre, doit supporter la peine de son insouciance. C'est bien assez qu'il puisse, en vertu de l'art. 1167, faire révoquer les actes faits par son débiteur en fraude de ses droits.

Par ces raisons, je crois que le donataire de tous biens présents n'est point assujetti de plein droit au payement des dettes du donateur existantes au jour de la donation. La Cour royale de notre ville a, par deux arrêts assez récents, consacré cette doctrine contre l'opinion presque unanime des auteurs.

QUESTION 2. Peut-on renoncer à une institution contractuelle du vivant même de l'instituant?

Je pose ici d'une manière générale une question qui se présente assez fréquemment au sujet des gains de survie que les époux stipulent dans leur contrat de mariage. Quel que soit le nom que l'on donne à cette convention, sa nature ne saurait changer. Toutes les fois que les gains de survie seront de tous les biens ou de partie des biens qu'on laissera lors du décès (et c'est le cas que nous supposons dans la question), ce sera une donation révue par l'art. 1082 du Code civ., à laquelle il faudra appliquer les règles édictées dans cet article de la loi. Je m'empresse de présenter ces considérations pour mettre la solution que je propose à l'abri d'une objection qui a paru faire impression sur des esprits recommandables, c'est que l'époux, à la mort de son conjoint, vient réclamer ses gains de survie, non comme héritier, mais comme créancier. C'est vouloir égarer les esprits par une substitution de nom ; mais ce n'est pas changer le fond des choses. L'époux survivant sera créancier *sensu latissimo* si l'on veut, c'est-à-dire, en ce sens qu'il aura un droit à exercer, une chose à réclamer contre l'héritier débiteur ; mais il ne sera pas créancier dans le sens strict de l'expression ; il sera donataire, et donataire par contrat de mariage des biens ou partie de biens que le donateur laissera lors de son décès. Recherchons donc quelle est la nature d'une pareille donation, et quel droit il est juste de lui appliquer.

La disposition des biens à venir prévue par l'art. 1082 du Code civ., est une donation que la faveur du mariage a fait introduire, et qui tient à la fois de la donation ordinaire et du testament ; de la donation, en ce qu'elle ne peut être révoquée par une autre disposition gratuite ; du testament, en ce qu'elle ne produit pas son effet du jour de sa confection, mais seulement du jour de la mort du donateur. Dans la donation des biens à venir comme dans le testament, le droit du donataire ne naît qu'au décès de celui qui a donné, si bien, que si le donataire meurt le premier, il ne profitera pas de son droit avant l'ouverture duquel il aura cessé d'être ; si bien encore, que si la condition du prédécès du donateur s'accomplit, l'effet de cette condition ne rétroagira pas au jour de la donation. Il ne remontera pas plus haut qu'au jour du décès du donateur.

Ces observations sont capitales ; elles tendent à établir que la donation de biens à venir est une véritable donation à cause de mort, et que les droits qui en dérivent sont de véritables droits successifs. Il y a ici, comme dans le testament, incertitude de droit, incertitude de quotité. La seule différence qui sépare ces deux manières de disposer, est celle-ci : que le testateur peut révoquer, quand bon lui semble, sa libéralité ; tandis que le donateur ne peut plus aliéner gratuitement les biens qu'il a déjà donnés. La nécessité du mariage, l'intérêt de la famille sollicitaient cette faveur. La loi l'a garantie. La donation de biens à venir est à ses yeux comme une espèce de réserve constituée par la volonté de l'homme au profit de l'époux qui la reçoit. Mais ce caractère de semi-irrévocabilité ne saurait enlever à cette donation ce caractère non moins essentiel de ne valoir qu'à la mort du donateur, et de ne s'exercer que sur les biens de sa succession. Aussi l'ordonnance de 1731 et nos anciens auteurs avaient-ils donné à cette disposition le nom caractéristique *d'institution contractuelle*.

Le Code civil a changé le nom, mais il n'a pas voulu changer la nature de la disposition, car il lui a conservé les mêmes règles et les mêmes effets. Il faut donc reconnaître que les droits qui dérivent de l'institution contractuelle sont, sous notre Code civil comme sous l'ancienne jurisprudence, des droits gratuitement irrévocables sans doute, mais qui sont des droits éventuels sur la succession de celui qui a contractuellement institué.

Cela posé, je demande pourquoi l'art. 791 du Code civil ne trouverait pas dans l'espèce une légitime application.

On dit : qu'en principe l'article 1130 permet de stipuler au sujet des choses futures, et que ce n'est que par exception qu'il ajoute que l'on ne peut renoncer à une succession non ouverte, ni faire aucune stipulation sur une pareille succession ; que les exceptions doivent être strictement appliquées, rigoureusement restreintes ; que l'art. 1130, comme l'art. 791 ne parle que de succession, et que c'est étendre arbitrairement les dispositions de ces articles, que de les appliquer aux institutions contractuelles ; que par le mot *succession*, la loi ne désigne que les successions légitimes, et cette assertion on la fonde sur les termes de l'art. 711 du Code civ.

A cette raison, je réponds que, malgré que les exceptions doivent être rigoureusement restreintes, il faut savoir si nous ne sommes pas ici rigoureusement dans le cas de l'exception. La question se résout donc à savoir, si renoncer à une institution contractuelle du vivant de l'instituant, ce n'est pas renoncer à la succession d'une personne avant son décès. Après les considérations que j'ai tout à l'heure exposées, poser ainsi la question, c'est la résoudre. Dit-on de bonne foi que l'art. 791 ne s'applique qu'aux successions légitimes, parce que dans l'art. 711, la loi distingue les successions des testaments? Mais les textes abondent pour prouver que la loi n'a pas entendu toujours ce mot *succession* dans le sens de succession légitime. Il suffit, pour s'en convaincre, de jeter les yeux sur les chapitres V et VI, et sur les articles 726, 1085, etc. du Code civil. Pourquoi donc l'art. 791, qui est général, ne s'appliquerait-il pas aux successions testamentaires et aux institutions contractuelles, qui sont de véritables successions, tout aussi bien qu'aux successions légitimes?

Objectera-t-on que les motifs qui ont fait introduire les dispositions des art. 791 et 1130 du C. c., ne peuvent s'appliquer aux hérédités testamentaires et aux institutions contractuelles; on l'a dit: on a prétendu que le motif de ces articles étant la conservation de l'ordre des successions établies par la loi, ne pouvait s'étendre aux hérédités établies par l'arbitraire de la volonté de l'homme. Mais est-ce là le vrai motif des art 791 et 1130? Si l'on cherche dans les procès-verbaux du Conseil d'état, dans les rapports au corps législatif, la pensée du législateur, on y voit que c'est moins l'intérêt social au maintien de l'ordre légal des successions que l'intérêt de la morale et de l'honneteté publique qui motiva la disposition de ces articles. Il parut inconvenant au législateur que l'héritier présumé pût spéculer en quelque sorte sur la mort de celui dont il attendait sa fortune et son bonheur. Le législateur ne voulut pas qu'un homme trop facile peut-être à répudier au profit de ses misérables intérêts les sentiments naturels de son cœur, pût hâter, ne serait-ce que par sa pensée, le moment fatal qu'il n'aurait jamais dû même prévoir. Poussant au comble le sentiment de la décence publique, il établit que le consentement de la personne dont la succession faisait l'objet de la stipulation, ne pourrait la valider, car il lui sembla immoral de faire appeler un individu à un règlement que la fin de sa vie pouvait seule rendre nécessaire. Ces considérations ne conservent-elles pas toute leur force lorsqu'il s'agit de successions déférées par testament ou par contrat? N'en acquièrent-elles même pas davantage? Et n'y a-t-il pas entre l'immoralité de l'héritier légitime et l'immoralité de l'héritier testamentaire traitant sur des successions futures, une différence sensible à la charge et au déshonneur de ce dernier?

Mais on objecte que le motif de la loi, bien qu'applicable au testament, perd beaucoup de sa valeur quand on l'applique aux institutions contractuelles. Car à la différence du testament ces institutions sont gratuitement irrévocables; on conçoit alors que l'héritier puisse traiter plus facilement, et moins immoralement d'un droit, dont il ne jouit pas il est vrai, mais dont la certitude lui est acquise sous certaines conditions.

Je réponds que l'institution contractuelle est, comme le testament, une donation de la succession. Le droit qu'elle confère est, comme l'a très-justement fait observer la Cour de cassation, un droit contractuel dans son origine; mais dans ses effets c'est un véritable droit successif. Or qu'importe que le droit successif ait été laissé par contrat ou par testament? les mêmes raisons de moralité ne feront-elles pas interdire la validité de la renonciation que l'on voudrait en faire; car, si l'on admet comme justes les raisons que j'ai données de la loi, l'on sera amené à reconnaître que la prohibition du législateur est indépendante de l'acte qui renferme le droit et de son degré d'incertitude. Qu'importe, en effet, la certitude ou l'incertitude? Les héritiers à réserve sont comme les donataires de biens à venir, certains de recueillir une part des biens qui se trouveront dans la succession; c'est cette part qu'on appelle la réserve. Les droits des héritiers à réserve sont du moins comme ceux des donataires par contrat de mariage de la quotité disponible, certains en ce sens qu'ils ne pourront être endommagés par aucune disposition gratuite. Cependant les héritiers à réserve ne peuvent, du vivant de leur auteur, renoncer à sa succession future. C'est que, je le répète, ce n'est point le plus ou moins d'incertitude du droit qui peut donner la raison de l'art. 791; car si elle pouvait en rendre raison, l'on ne comprendrait plus la disposition de l'art. 1130 du C. c. qui permet de stipuler sur les choses futures. L'argument que tirent nos contradicteurs de la semi-irrévocabilité des institutions contractuelles ne peut donc être concluant, puisqu'il porte sur une qualité dont la considération est restée étrangère aux motifs de la loi.

Il pourrait avoir quelque valeur si on l'opposait à un système de soutenir l'opinion que je défends et qui consiste à prétendre la renonciation à une institution contractuelle est nulle parce qu'elle lèse le principe que l'on ne peut renoncer à un droit non acquis. Les partisans de ce système auraient raison si le principe qu'ils posent était rigoureusement vrai, car il est certain qu'avant la mort du donateur le donataire de biens à venir n'a pas de droit acquis. Ce droit n'existe même pas sous la condition de cette mort, il n'existera qu'alors. Ce n'est pas un vrai droit conditionnel,

car la condition rétroagit , en principe , au jour du contrat , et ici la
mort du donateur ne donne au droit du donataire aucun effet rétroactif.
L'on comprend donc, disent les partisans de ce système de défense, que
l'on puisse renoncer à un droit conditionnel, car le droit conditionnel est
un droit acquis. Mais ici le droit est tout à fait éventuel, il n'existe pas.
Je le répète ; ce principe qu'on ne peut renoncer à un droit qui n'est
pas acquis n'est pas vrai dans notre législation. Je peux n'en donner
pour preuve que le même art. 1130 , qui dit que les choses futures
peuvent être l'objet d'une stipulation. Or, je le demande , est-il rien de
plus incertain, qui puisse moins être l'objet d'un droit acquis, qu'une
chose à venir, une chose qu'on ne possède pas et dont on ne prévoit
même pas dans un certain temps la future possession ? D'ailleurs, si le
droit n'existe pas, il peut exister une espérance à laquelle on conçoit la
possibilité de renoncer ; en sorte qu'abstractivement comme juridique-
ment, le principe dont on a voulu étayer l'opinion que je défends est
dans la question un argument peu décisif. Cependant on pourrait, sous
ce point de vue, établir une distinction entre la renonciation faite gratuitement et la renonciation faite à titre onéreux. Ces deux renonciations
seraient toujours nulles à mon avis comme portant sur des successions
futures. Mais de plus la renonciation à titre gratuit serait nulle comme
donation de biens à venir prohibée par nos lois, à moins qu'elle ne fût
faite par contrat de mariage : la renonciation intéressée serait valable
et devrait au contraire produire son effet. Ceci n'est vrai que sous le
point de vue du second système, et selon celui que j'adopte les renonciations sont nulles sans distinction comme renonciations à une succession future.

Enfin la thèse que je soutiens a été encore défendue sous un troisième
point de vue, par la disposition de l'art. 1395 du C. c. Je repousse son
secours qui ne me paraît pas légitime. Une bonne cause ne doit s'appuyer
que sur de bonnes raisons.

De la raison et des développements que j'ai donnés à l'appui de la
solution que je propose, il est facile de conclure que je n'applique
pas cette solution au cas d'une renonciation à une donation de biens présents faite sous la condition de survie du donateur. Cette donation ne
produit pas en effet un droit successif. Elle ne donne naissance qu'à

un droit conditionnel ordinaire, auquel il est valablement permis de renoncer.

Il résulte enfin de la même raison et des mêmes développements que la renonciation, dans le cas de la question que je traite, ne pourra valablement être faite, même par contrat de mariage. L'art. 791 a prévu le cas et l'a formellement éclairci. On ne peut, dit cet article, *même par contrat de mariage*, renoncer à la succession d'un homme vivant.

QUESTION 3. *La donation faite entre époux pendant le mariage devient-elle caduque par le prédécès de l'époux donataire ?*

La jurisprudence et la doctrine se sont complétement séparées au sujet de la solution de cette importante question. La jurisprudence a sanctionné la négative; la doctrine, au contraire, a tenté de faire prévaloir l'affirmative. C'est l'opinion de la jurisprudence que j'embrasse et que je me propose de développer.

J'observe d'abord qu'il résulte de la combinaison des art. 893 et 1096 du C. c. que la donation entre époux, faite pendant le mariage, est une véritable donation entre-vifs; car, aux termes de l'art. 893, l'on ne peut plus disposer gratuitement dans notre droit que par donation entre-vifs et par testament. Si la donation entre époux n'est pas un testament, elle est donc une donation entre-vifs. L'art. 1096 le dit au reste formellement : « Toutes donations faites entre époux pendant le mariage, *quoique qualifiée entre-vifs*, seront toujours révocables. Je tire de ce principe que la donation entre époux est une donation entre-vifs, la conséquence suivante : c'est qu'elle devra produire les effets attachés à ces sortes de dispositions, à moins d'une exception spécialement écrite dans la loi. L'art. 894 indique brièvement ces effets principaux, c'est le dépouillement actuel et irrévocable du donateur en faveur du donataire qui accepte.

Or, où sont les textes déclaratifs d'une exception en matière de donations entre époux à ces principes de l'actualité et de l'irrévocabilité des donations en général ?

Au principe de l'irrévocabilité, je trouve une exception dans l'art. 1096. Les donations entre époux sont toujours révocables; *lex est.* Mais où est l'article qui consacre une exception au principe de l'actualité des donations entre époux? Je l'ai vainement cherché dans notre Code. Il est important de constater qu'il ne s'y trouve point. L'on objecte que l'exception se trouve implicitement dans l'art. 1096. L'art. 1096 dit que les donations entre époux seront toujours révocables; c'est-à-dire, à moins qu'on ne dénature la langue, qu'elles pourront être révoquées, mais nullement qu'elles le seront de plein droit dans telle ou telle circonstance que le législateur n'a pas mentionnée. Dira-t-on que cette exception résulte de la nature même de la disposition qui, étant révocable jusqu'à la mort du donateur, ne devient vraiment parfaite qu'alors, et que si le donataire meurt avant cette époque, il meurt avant la perfection de la donation, qu'il ne peut par conséquent recueillir? Le raisonnement serait juste, s'il était vrai que le donataire n'acquiert son droit qu'à la mort du donateur, et que la donation ne reçoit qu'alors sa perfection. Mais c'est précisément ce qui en est question et que l'on affirme sans prouver, en concluant de l'irrévocabilité à la non-actualité, choses cependant bien différentes. Il est bien vrai que le donataire n'aura de droit certain qu'à la mort du donateur; jusqu'alors cependant, il aura un droit incertain si l'on veut, mais transmissible à ses héritiers, puisque la loi ne le déclare pas personnel. Ce sera, en d'autres termes, un véritable droit conditionnel; or, pour arriver à la conclusion de nos contradicteurs, il faudrait admettre que le créancier conditionnel perd son droit s'il meurt avant l'accomplissement de la condition, ce qui est contraire aux principes de nos lois. Cependant, pour trouver implicitement dans le Code la solution affirmative de la question que je discute, il faudrait y trouver une exception pour les donations entre époux au principe de l'actualité des donations entre-vifs; car je comprends qu'en l'absence d'un texte qui déclare la donation entre époux, faite pendant le mariage, caduque par le prédécès du donataire, on argumente de la nature des dispositions entre époux. Mais il ne faut pas en argumenter à faux, et la difficulté est précisément de savoir quelle est la nature de ce contrat, et quelle elle devrait être pour amener à la solution que je combats. Or, je prétends que ce n'est pas de la révocabilité ou de la non-révocabilité, mais bien de l'actualité ou de la non-actualité des donations que peut dériver leur non-caducité ou leur caducité par le prédécès du donataire. En d'autres termes, peu importe pour nos contradicteurs que l'art. 1096 déclare les donations entre époux révocables, s'il ne les déclare pas non-actuelles. Tel est le point délicat que je tiendrais à faire ressortir.

Si la donation est actuelle, bien que révocable, elle donne naissance à un droit révocable, si l'on veut, mais immédiat. Point de raison pour que ce droit immédiatement acquis ne passe aux héritiers de celui qui le possède; pas de raison pour que les héritiers du donataire prédécédé ne conservent le droit de leur auteur comme ils l'ont reçu de ce dernier, c'est-à-dire, soumis à la condition de pouvoir être révoqué selon le gré du donateur.

Si la disposition, au contraire, ne jouit pas de l'actualité de son effet; si c'est un testament, par exemple, qu'en résulte-t-il ? c'est qu'elle ne donne naissance à aucun droit immédiat; c'est que, malgré qu'elle soit faite aujourd'hui, elle n'est censée faite que dans un temps postérieur à la mort du donateur. Si donc le donataire meurt avant le donateur, il meurt avant l'ouverture de son droit, qui, n'ayant jamais existé pour lui, ne peut être transmis à ses héritiers: je comprends alors la solution de nos contradicteurs.

C'est donc, je le répète, du principe de l'actualité ou de la non-actualité des donations que doit dériver sa non-caducité ou sa caducité, dans le silence du Code sur ce point. Vouloir donc conclure de l'art. 1096 qui n'a trait qu'à l'irrévocabilité, vouloir conclure à la solution affirmative de la question, c'est confondre les principes, ou plutôt c'est tirer d'un principe des conséquences qui ne lui appartiennent pas.

Voudra-t-on m'opposer la combinaison des art. 1087 et 1095 du C. c.; je pourrais répondre que ces articles ne disposent qu'à l'égard des donations de biens présents et à venir, et repousser par cette seule raison leur application à l'espèce. Mais je veux montrer encore que l'art. 1087, qui se réfère aux art. 1082, 1084 et 1086 comme à l'art. 1093, trouve une justification rationnelle dans la nature des dispositions qu'il régit. Dans le cas des art. 1082, 1084, 1086 et 1093 du C. c., la donation devient caduque par le prédécès du donataire, aux termes de l'art. 1087. La raison en est simple. Ces donations ne doivent produire d'effet qu'à la mort du disposant. La loi fait exception pour elles au principe fondamental de l'actualité. Mais où la loi consacre-t-elle la même exception pour les donations entre époux? j'ai dit que l'art. 1096 ne parlait que de l'irrévocabilité.

Je sais que l'on oppose encore l'art. 1192, et je ne dois pas dissimuler la force de l'argumentation que l'on en tire. Si l'art. 1092, dit-on, dispose que les donations des biens présents faites entre époux par contrat de mariage ne sont pas soumises à la condition de survie du donataire, c'est que le législateur entend que les mêmes donations faites pendant le mariage, y soient soumises. Pourquoi se serait-il exprimé si formellement au sujet des unes, et n'aurait-il rien dit au sujet des autres, s'il avait entendu qu'elles fussent régies par le même droit? La nature de l'argumeut dévoile sa faiblesse. C'est un argument *à contrario*. Tout le monde sait le degré de confiance qu'on doit accorder à cette manière de raisonner. L'argument *à contrario* n'est pas dénué sans doute de toute portée : mais il n'en a une véritable que lorsqu'on s'en sert pour aller de l'exception à la règle générale; il n'en a pas quand on s'en sert pour aller de l'exception à l'exception. Or la règle générale, c'est que la donation entre-vifs produisant un effet actuel, crée un droit transmissible aux héritiers du donataire. L'exception, c'est la non-actualité par suite la caducité de la donation. L'art. 1092 est donc sans valeur; il ne peut faire fléchir les principes fondamentaux de notre droit.

On oppose enfin le droit romain ! Le droit romain tranchait formellement la question, je l'avoue. Que m'importe? ne puis-je pas opposer au droit romain la loi de ventôse qui l'abolit? mais je ne me réfugierai pas derrière une raison aussi vulgaire, lorsque je trouve dans l'historique de cette loi romaine dont nos contradicteurs se font si forts, un argument qui frappe à la base leur système. A Rome, les donations entre époux furent d'abord prohibées; elles ne furent permises, dans le principe, qu'à cause de mort. Plus tard, on établit qu'elles pourraient être valablement faites, mais à condition qu'elles pourraient toujours être révoquées. Si ce caractère de révocabilité qui venait modifier, comme dans notre droit, la matière des dispositions entre époux eût suffi aux yeux des jurisconsultes romains pour entraîner la caducité de la donation par le prédécès du donataire, pourquoi, plus tard, aurait-on cru nécessaire d'édicter une disposition positive à ce sujet? On sentit donc la nécessité d'un texte exceptionnel; c'est ce texte ou un équivalent que nous cherchons en vain dans nos lois; ce texte ne peut être l'art. 1092; l'équivalent pourrait être une disposition de loi qui affranchît les donations entre époux du principe de l'actualité. Cette disposition n'existe nulle part dans le Code; il faut donc revenir nécessairement à la règle générale, et cette règle est que les donations entre-vifs ne sont pas en principe révoquées de plein droit par le prédécès du donataire.

Vu par le Président de la Thèse.

Le Doyen,

LAURENS.

TOULOUSE, IMPRIMERIE DE J.-M. DOULADOURE.